I0559968

ENGLISH

Mermaid Musings: Diving in the Margins

Part I: Thriving in the Margins

Reflexiones de Sirena:
Buceando en los Margenes

Parte I: Prosperando en los márgenes

BILINGUAL POETRY

Poesia Bilingue
Author/ Autora Marta Miranda-Straub

TRANSLATORS/TRADUCTORES:
MARCO VIDAL GONZALEZ & MARTA MIRANDA-STRAUB.

Praise for Mermaid Musings: Diving in the Margins.

"Better than Ann Rice"

I am a 76-year-old woman from the Midwest. Mermaid Musings vividly captures my memories of youthful lust and sexual fantasy. Martas poetry reminds me of playful, joyful sex of souls. She goes deeper to the place where surrender to sexual passion leads to spiritual experiences outside of body, place and time. Her poetry is a celebration of the primal gift of physical pleasure, available to all of us. We are never too old for the Big O.

-Sandy from The Midwest

"Let us come closer"

In an era that seems fixated on deepening divides, stoking fears, and utilizing cruelty at any cost, Marta Miranda-Straub chooses to use this same period of time to call us in closer to one another. Mermaid Musings: Diving in the Margins is this fiercely alive poet's call for us to return home from the cold- to one another. This bi-lingual collection of poetry is a prescription for meaning-making and how to choose to build loving communities wherever we find ourselves at any stage of life. These poems explore survival after stolen innocence. They invite us into the remembrance of those we have lost, the systems that robbed us of many of them and to transmute the grief that remains. And it names and confronts the continuous machine of injustices caused by patriarchy and colonization, displacement and exile, and the intentional physical and mental imprisonment of the mind, body, and the spirit

Mermaid Musings: Diving in the Margins serves as Miranda-Straub's clarion call to all of us. It reminds us of the power of naming our own humanity through self-reflection, truth-telling, claiming our worthiness, resisting hate, and choosing more love for ourselves and for one another. These poems are written for all of us who choose to stay and refuse to look away from the pain of loss, the throes of addiction, and in spite of confusion, bigotry, and violence. These poems are an invitation to share amongst one another that which has the power to bring about new frontiers in the infinite landscape of love and care, and dare I say, to bring about our holiness.

*-Author of Black Girl at the Intersection,
co-founder of Bloodroot Ink: A Writing Circle
for BIPOC Womxn and Femmes, LeTonia Jones*

TABLE OF CONTENTS

TABLA DE CONTENIDOS

Nevertheless, she persisted: Spoken Word

By Marta Miranda-Straub

Gratitude & Credits to: The Music of My Life: Steven Sondheim, Kris Kristofferson, Amy Winehouse, Celia Cruz, Jose Marti, Santana, Holly Near, Keb Mo, Sweet Honey in the Rock and Bernise Johnson Reagan.

Nevertheless
She navigated the poison of the toxic waters of her birth.
Nevertheless
She custom-made armor to fend off the bruises, the burns, and the broken bones on her child body.
Nevertheless,
She perfected her warrior stance, as she carried a switchblade in her sock and danced through the violence of a New Jersey ghetto.
"If you like to be in America Okay by me in America Everything is free in America For a small fee in America Buying on credit is so nice
One look at us and they charge twice, Life can be bright in America,
If you are white in America, If you are a man in America,
If you have means in America, If you are straight in America, Life is all right in America."
Nevertheless,
She endured the theft of her sexual innocence at the whim of Prince Charming.

Nevertheless,
She soothed the scars between her toes, which held her biggest secret—her drug abuse.
Nevertheless,
She created colorful stories to mask the blackouts from alcoholism.
"Well, I woke up Sunday morning
With no way to hold my head that didn't hurt, And the beer I had for breakfast wasn't bad So I had one for dessert,
Then I fumbled in my closet
And found my cleanest dirty shirt,
And stumbled down the stairs to meet the day"
"I don't want to go to rehab I say no, no, no"
Nevertheless,
She put on her cloak of humor to protect herself from the aggressions and threats to all that she is, values, and loves.
"Am I just too Latina for you?" 'Maria, Maria,
You remind me of a West Side story, Stop the looting,
Stop the shooting"
Nevertheless,
She rallied,
She marched and pounded on podiums,
She claimed Africa in her DNA, colonizers in her blood,
and she walks in the privilege paved with the courage of brown and Black queer and trans folk,
Who kept the NYC police at bay by weaponizing their high heels.
"We who believe in freedom cannot rest,

We who believe in freedom cannot rest until it comes,
Those who believe in freedom cannot rest,
Those who believe in freedom cannot rest until it comes"
Nevertheless,
She claimed—
The healing circles of community, The worn chairs of therapy,
The coffee- and smoke-filled rooms of recovery groups.
She drank the potions of witches,
Read the caracoles and wore the collares de los santeros,
Summoned the Orishas and threw them a bembe. *"Guaguancó,*
Guaguancó, Tu dices que mi tambor está hecho para mi conga,
Oh Le, Oh Le, Oh Le, Oh Le
Soy dulce como el melao, Alegre como el tambor,
Llevo el rítmico tumbao de África en mi corazón,
Azúcar, azúcar negra,
Ay cuánto me gusta y me alegra,
Azúcar, Azucar negra, cómo me gusta y me alegra."
"Yo soy un hombre sincero De donde crece la palma,
Y antes de morirme quiero Echar mis versos del alma.
Guantanamera, Guajira Guantanamera, Guantanamra, Guajira
Guantanamera".
Nevertheless, we said—
Everyone has a right to life, liberty, and the pursuit of
happiness.
"Those who believe in freedom cannot rest until it comes
We are gentle, angry people, and we are singing, Singing for
our lives,
We are justice-seeking people, and we are singing, Singing for

our lives"
Nevertheless,
We held hands during ERA marches,
we were instructed not to hold hands with each other, While
we ran domestic violence and sexual assault centers,
While our hetero and racist sisters, caged as political-savvy,
Left a bitter taste on our tongues.
'You don't need no fancy tricks, Painted eyes or glossy lips,
You don't need to change your dress,
You don't need to change your shoes. Go ahead, be wild and
free,
You don't have to shave your legs for me".
Nevertheless,
We bathed, fed, held, and buried the emaciated bodies full of
sores during the AIDS epidemic—and we ACTED UP.
We said her name, stood, and shouted in community in
Breonna Taylor Square As our public leaders went into
bunkers and COVID raged.
Nevertheless,
We practice holding the tensions between light and dark,
Purple and polka dots,
As we bear witness to the strength and greatness of all self-
identified women, As our collective voices define a new
universe,
Until the moon invites us to stay the night, And the sun
welcomes a just world.
Nevertheless,
She honors the resilience of thriving in the margins, And her

unwavering faith that all that she is,
And all that we are, Is holy.
'Amazing grace, how sweet the sound'.

Con gratitud y Creditos
La banda sonora de mi vida:

Agradecimiento y créditos a: Amy Winehouse, Steven Sondheim, Kris Kristofferson, Celia Cruz, Jose Marti, Santana, Leonard Cohen, Holly Near, Keb Mo, Sweet Honey in the Rock y Bernice Johnson Reagon.

Sin embargo ella persistió: Palabra Hablada

Navegó el veneno de las aguas tóxicas de su nacimiento. Sin embargo,

Se hizo una armadura a medida para defenderse de los moretones, las quemaduras y los huesos rotos en su cuerpo de niña.

Sin embargo,

Perfeccionó su postura guerrera mientras llevaba una navaja en su media y bailaba a través de la violencia de un gueto de Nueva Jersey.

"Me gusta estar en América, Ok, para mí en América, Todo es gratis en América,

Por una pequeña tarifa en América.Comprar a crédito es tan bonito, Una mirada y nos cobran dos veces."

La vida puede ser brillante en América, Si eres blanco en América,

Si eres hombre en América, Si tienes medios en América,

Si eres heterosexual en América.

Sin embargo,

Soportó el robo de su inocencia sexual por capricho del

príncipe azul.

Sin embargo,

Calmó las cicatrices entre los dedos de los pies que guardaban su mayor secreto: el abuso de drogas.

Sin embargo,

Creó historias coloridas para enmascarar los apagones provocados por el alcoholismo.

"Bueno, me desperté el domingo en la mañana

Sin poder sostener la cabeza de forma que no me doliera. Y la cerveza que desayuné no estaba mal,

Así que tomé una más para el postre.

Luego busqué a tientas en mi armario, Encontré mi camisa sucia más limpia

Y bajé a tropezones las escaleras para encontrarme con el día."

"No quiero ir a rehabilitación, Digo no, no, no."

Sin embargo,

Se puso su manto de humor para protegerse de las agresiones y amenazas a todo lo que es, valora y ama.

¿soy solo latina para ti?" María, María,

Me recuerdas una historia del lado oeste, Paren los saqueos, Paren los disparos"

Sin embargo, Ella se manifestó,

Marchó y golpeó los podios.

Reivindicó a África en su ADN, colonizadores en su sangre, Y camina en el privilegio

Pavimentado con el coraje de la gente mulata y negra, queer y trans, Que mantuvo a raya a la policía de Nueva York

Armada con sus tacones altos.

"Los que creemos en la libertad no podemos descansar,
Los que creemos en la libertad no podemos descansar hasta
alcanzarla. Aquellos que creen en la libertad no pueden
descansar,
Aquellos que creen en la libertad no pueden descansar hasta
alcanzarla."

Sin embargo, ella reclamaba—

Los círculos de sanación de la comunidad, Las sillas gastadas de la terapia, Las salas llenas de café y humo de los grupos de recuperación. Bebía las pócimas de las brujas,

Leía los caracoles y usaba los collares de los santeros,

Convocaba a los orishas y les lanzó un bembé.

"Guaguancó, Guaguancó,
Tú dices que mi tambor está hecho para mi conga, No me mires,
no te metas con mi conga.Oh Le, Oh Le,
Soy dulce como el melao, Alegre con el tambor,
Llevo el rítmico tumbao de África en mi corazón.Azúcar, azúcar
negra,
Ay cuánto me gusta y me alegra,
Azúcar negra, cómo me gusta y me alegra.Yo soy un hombre
sincero De donde crece la palma, Y antes de morirme quiero
Echar mis versos del alma.
Guantanamera, Guajira Guantanamera, Guajira
Guantanamera".

Sin embargo, NOSOTROS dijimos—

Toda persona tiene derecho a la vida, a la libertad y a la búsqueda de la felicidad.

"Aquellos que creen en la libertad no pueden DESCANSAR hasta

alcanzarla. Somos gente amable y enojada, y estamos cantando, Cantando por nuestras vidas.
Somos personas que buscan justicia, y estamos cantando, Cantando por nuestras vidas."
Sin embargo,
Nos tomamos de las manos durante las Marchas por la Igualdad Social, Donde se nos instruyó que no nos tomáramos de las manos
Mientras dirigíamos centros de violencia doméstica y agresión sexual.
Nuestras hermanas heterosexuales y racistas, Presas de la astucia política,
Dejaron un sabor amargo en nuestras lenguas.
"No necesitas trucos sofisticados, Ojos pintados o labios brillantes,
No es necesario que te cambies de vestido, No es necesario que te cambies los zapatos. Adelante, sé salvaje y libre,
No tienes que afeitarte las piernas por mí."
Sin embargo,
Bañamos, alimentamos, sostuvimos y enterramos los demacrados cuerpos llenos de llagas
Durante la epidemia del SIDA—y ACTUAMOS.
Dijimos su nombre, nos pusimos de pie y gritamos en comunidad En la Plaza Breonna Taylor,
Mientras nuestros líderes públicos entraban en el búnker y el COVID hacía estragos.
Sin embargo,
NOSOTRAS practicamos mantener las tensiones entre la luz y

la oscuridad, El púrpura y los puntos de bolsillo,
Mientras atestiguamos la fuerza y la grandeza de todas las mujeres que se identifican consigo mismas.
Mientras nuestras voces colectivas definen un nuevo universo,
Hasta que la luna nos invite a pasar la noche,
Y el sol dé la bienvenida a un mundo justo.
Sin embargo,
Ella honra la resiliencia de prosperar en los márgenes, Y su fe inquebrantable en que todo lo que ella es,
Y todo lo que somos es santo.
"Sublime gracia, qué dulce suena."

Bedeviled

They arrive promptly at 3:30 AM— A deluge of buried fears,
Piercing through the cracks of semi-conscious slumber
And the façade of a peaceful, mundane life. There is no escape.
Their grip chokes Any attempt to deny their existence. Panic
ignites the embers of terror,
The body stiffens.
The mind dives into layers of putrid lava,
Liberating ghouls who feed on the corpses of insecurity,
Devouring well-manicured illusions of control, Varnished with
the shiny lacquer of self-sufficiency.
An army of terrorists,
Demanding surrender to the darkness we cannot see,
Afflicting humans with spiritual corruption, Threatening our
survival,
Casting our psyches into the fires Guarding the abode of
condemned spirits, Disrupting nocturnal peace.

Atormentada

Llegan puntualmente a las 3:30 AM— Un diluvio de miedos enterrados,
Penetrando a través de las grietas del sueño semiconsciente Y de la fachada de una pacífica vida mundana.
No hay escapatoria. Su agarre ahoga Cualquier intento de negar su existencia. El pánico enciende las alarmas del terror. El cuerpo se endurece.
La mente se sumerge en estratos de pútrida lava,

Liberando necrófagos que se alimentan de los cadáveres de la inseguridad, Devorando ilusiones de control bien cuidadas, Bruñidas con el brillante barniz de la autosuficiencia. Un ejército de terroristas,
Exigiendo rendirse ante una oscuridad que no podemos ver, Afligiendo a los humanos con corrupción espiritual, Amenazando nuestra supervivencia,
Arrojando nuestras psiques hacia los fuegos

Que custodian la morada de los espíritus condenados, Interrumpiendo la paz nocturna.

The Reckoning

I wake up with a brain full of infographics, Woven by
archetypal and historical metaphors, Tattooed onto the bark of
my heart.
I challenge the existing violent paradigm Because all that I am,
breathe, value, and love
Is—or has been—rejected, violated, shamed, colonized,
Beaten, murdered, or deemed illegal.
I pound the podiums in public and weep in private. I remind us
of the deep wounds
On Black and Brown bodies,
The impotence of white dominance, and the bodies Hanging
from Southern maple trees for hours
While good white folks had picnics.
The bodies lying in hallways and on sidewalks for hours
Warn us: do not dare to challenge your own holocaust Or seek
your liberation without permission.
Often, I tremble with rage, Call my skeleton to attention,
Wrap myself in my cloak of courage, And, kicking through life,
I speak in tongues, wield copperheads,
Savor the alchemy of humanity,
And celebrate with firewater, cigars, And conga drums.
Today, I weep in public for the loss Of decency, humanity, and
justice,
And for all that is sacred in our collective souls.

Ajuste De Cuentas

Despierto con el cerebro colmado de infografías, Tejidas por arquetípicas e históricas metáforas, Tatuadas en la corteza de mi corazón.

Desafío el paradigma violento existente Porque todo lo que soy, respiro, valoro y amo

Es, o ha sido, rechazado, violado, avergonzado, colonizado, Golpeado, asesinado o considerado ilegal. Golpeo los podios en público y lloro en privado.

Nos recuerdo las heridas profundas En los cuerpos negros y morenos,

La impotencia del dominio blanco, y los cuerpos Colgados de los arces del sur durante horas

Mientras los blancos buenos hacían picnic.

Los cuerpos que yacen en pasillos y aceras por horas

Nos advierten: no te atrevas a desafiar tu propio holocausto O procurar tu liberación sin permiso.

A menudo, tiemblo de rabia, Llamo la atención de mi esqueleto, Me pongo mi manto de coraje,

Y a patadas por la vida,

Hablo en lenguas, empuño testas cobrizas, Saboreo la alquimia de la humanidad,

Y festejo con aguardiente, cigarros Y tambores de conga.

Hoy lloro en público por la pérdida

De la decencia, la humanidad y la justicia,

Y por todo lo que es sagrado en nuestras almas colectivas.

Resuscitating Larry:
A Memorial:

"I believe that when one tells stories about those who have passed, we bring them back to life."
-Marta Miranda-Straub

I remember how you held the wall at the gay bars, wearing Levi jeans, a black shirt, and worn boots—your uniform. Your stark, distant, cold, and uninterested eyes daring anyone to approach you. Your presence is reminiscent of cowboys entering saloons in a new town, scanning the patrons for potential danger, holding your thick belt as a holster.

I remember your countless attempts at giving up coffee, the painful headaches pounding your temples as you detoxed, and the relief on your face when I reminded you that you were in caffeine withdrawal.

I remember the awe in your eyes each time you caught a glimpse of the white bird of paradise gracing our front porch, and the sassy smile on your lips each time you brought me gladiolus, which you sweetly named *"glad to see you."*

I remember how you made fun of my accent, how you mimicked me—*"Ay Dios Mio."* I remember how much I loved your grin when you called me *"Martika,"* and I remember adoring you.

I remember your temper, how belligerent you got when we were drunk, and the many times we were kicked out of bars and late-night breakfast places. We loved being part of the *"bar wash"* and eating greasy eggs while drinking black coffee until sunrise.

I remember your love of copper, Rookwood pottery, fine china, and the fancy table you would set for feasting on white beans and crusty bread while Bernadette Peters belted out a Broadway show tune.

I remember your generous heart, your undying dedication to rescues, and your repeated visits to the dog pound—taking in big, often old or sick dogs that needed medical care and attention. I remember that you also took in stray friends and lovers who needed respite and a warm meal.

I remember swimming naked, how comfortable we both were floating and tanning. I remember your loyalty to your lovers and your need to celebrate commitment at every opportunity—you were the marrying kind.

I remember your rage at your well-to-do family and their cruel rejection of you. I remember the image of you as the overweight boy that you desperately tried to hide— eating protein, lifting weights, or starving when the weight won.

I remember your love of country music, Cadillacs, and manly spaces. I remember the multiple rapes you endured by police officers on the prowl.

I remember how you loved the ocean, travel, and becoming a big brother or father figure to foreign students whom you mentored. I remember your strong values, progressive politics, love of humanity, and fierce defense of the underdog.

I remember working with you during the AIDS epidemic in Key

West, how gently you carried and bathed bony, weak men full of sores—men who, just two months before, were muscle-bound and full of life.

I remember how you loved driving long distances—enough to get your commercial license, to get a rig, which you, pumped by caffeine, drove all night across the country. I remember when you called to tell me you had gotten sober, and we went from drinking buddies to sober buddies for the next 37 years.

I remember when you met and married Tommy, your husband of 28 years. Your dedication to restoring your old Victorian home to its original luster. Your excitement about retiring together and moving to Florida. I remember the remodeling of your cement block home with terrazzo floors—where you got to live for only two days. I remember when Tommy called to tell me that we had lost you to Covid.

I remember that I never saw you dance.

Resucitando a Larry: Un memorial

"Creo que cuando uno cuenta historias sobre aquellos que han fallecido, los devolvemos a la vida."

-Marta Miranda-Straub

Recuerdo cómo sostenías la pared en los bares gay, con jeans Levi, camisa negra y botas gastadas—tu uniforme.
Tus ojos descarnados, distantes, fríos y desinteresados desafiaban a cualquiera que se te acercara.
Tu presencia recordaba a los vaqueros que entraban en los salones de una nueva ciudad,
Escaneando a los clientes en busca de peligros potenciales,
Sosteniendo su grueso cinturón como una funda.
Recuerdo tus innumerables intentos de dejar el café,
Los intensos dolores de cabeza golpeando tus sienes mientras te desintoxicabas, Y el alivio en tu rostro cuando te recordaba que estabas en abstinencia de cafeína.
Recuerdo el asombro en tus ojos cada vez que vislumbrabas la flor del paraíso adornando nuestro portal,
Y la pícara sonrisa en tus labios cada vez que me traías gladiolos, A los que dulcemente llamabas *"me alegro de verte."*
Recuerdo cómo te burlabas de mi acento, cómo me imitabas—*"Ay Dios mío."*
Recuerdo cuánto me encantó tu sonrisa cuando me llamaste *"Martika,"*
Y recuerdo haberte adorado.

Recuerdo tu temperamento, lo beligerante que te ponías cuando estábamos borrachos, Las muchas veces que nos echaron de bares y cafeterías a altas horas de la noche.
Nos encantaba ser parte de *"la limpieza de las barras,"*
Comer huevos grasosos y beber café negro hasta el amanecer.
Recuerdo tu amor por el cobre, la cerámica de Rookwood, la porcelana fina,
Y la elegante mesa que preparabas para darte un festín con frijoles blancos y pan
crujiente,
Mientras Bernadette Peters cantaba una melodía de un espectáculo de Broadway.
Recuerdo tu corazón generoso, tu incansable dedicación a los rescates, Tus repetidas visitas a la perrera, acogiendo perros grandes,
A menudo viejos o enfermos, que necesitaban atención médica.
Recuerdo que también acogiste amigos y amantes extraviados,
Ofreciéndoles un respiro y una comida caliente.
Recuerdo nadar desnudos y lo cómodos que estábamos flotando y bronceándonos. Recuerdo tu lealtad a tus amantes y tu necesidad de celebrar el compromiso en cada oportunidad—
Eras del tipo que se casaba.
Recuerdo tu rabia contra tu familia y su cruel rechazo hacia ti.
Evoco la imagen del chico con sobrepeso que trataba desesperadamente de ocultarse, Comiendo proteínas, levantando pesas o muriendo de hambre cuando el peso ganaba.
Recuerdo tu amor por la música country, los Cadillacs y los

espacios varoniles. Recuerdo las múltiples violaciones que soportaste a manos de policías al acecho.

Recuerdo cuánto te gustaba el océano, viajar y convertirte en hermano mayor o padre Para los estudiantes extranjeros a quienes mentoreaste.

Recuerdo tus firmes valores, tu política progresista,
Tu amor por la humanidad y tu feroz defensa de los desvalidos.

Recuerdo trabajar a tu lado durante la epidemia del sida en Cayo Hueso,
Y la delicadeza con la que cargabas y bañabas a los hombres huesudos y débiles, llenos de llagas,
Hombres que, solo dos meses antes, eran musculosos y llenos de vida.

Recuerdo cuánto disfrutabas conducir largas distancias— Lo suficiente como para obtener tu licencia comercial, Conseguir un equipo y, impulsado por la cafeína, Conducir toda la noche por el país.

Recuerdo cuando me llamaste para decirme que habías conseguido estar sobrio,
Y pasamos de ser amigos bebedores a amigos sobrios durante los siguientes 37 años

Recuerdo cuando conociste y te casaste con Tommy, tu esposo por 28 años.
La dedicación con la que remodelaste tu antigua casa victoriana hasta devolverle su brillo original,
Tu entusiasmo por jubilarte juntos y mudarte a Florida.

Recuerdo la remodelación de tu casa de bloques de cemento con pisos de terrazo, Donde solo llegaste a vivir dos días.

Recuerdo cuando Tommy llamó para decirme que te habíamos perdido por Covid.

Recuerdo que nunca te vi bailar

Heartbreak:
A Retrospective on Grief

The usual and customary rustling of slumbering bodies,
The tea kettle humming,
The clanking of dog bowls—
All pry my swollen eyelids open.
As consciousness stirs my groggy brain,
A piercing ache pries open my wounded heart. Unwillingly, I
swing my legs over the bed, like Greek columns they remain
stoically planted on the tile floor. A hero's walk to the
bathroom ensues,
As I begrudgingly carry the heavy containers Of the days and
nights that were meant to be.
The chirping of blue jays and cardinals Holds the promise of
another day,
As the sun slowly cracks the darkness
And offers us a life filled with endless possibilities. The death of
what was to be my life with you is embedded in my muscle
tissue,
Demanding undivided attention—
As if it were a New Orleans funeral procession, Where the
bellowing of trumpets
And the relentless sounds of steel drums Call the dead to
welcome a new soul.
A deep inhale on a Kentucky front porch Fills my bruised lungs
with the hope of days to come,

When my spirit will leave the tomb and rise again.
Let us praise heartaches,
For they forge new chambers,
Expanding our hearts,
Preparing us to love more fearlessly next time.
Can I get an Amen? *Amen.*
Can we sing Hallelujah? *Hallelujah.*

For she has risen from the ashes— To face a new day

Ruptura: Una Retrospectiva sobre el Duelo

El habitual y acostumbrado susurro de los cuerpos dormidos,
El zumbido de la cafetera,
El ruido de los platos de los perros—
Todos abren forzosamente mis párpados hinchados.
La conciencia despierta mi cerebro aturdido, Un dolor punzante atraviesa mi corazón herido.
De mala gana balanceo las piernas sobre la cama, Y las columnas griegas permanecen estoicamente Plantadas sobre el suelo de losas.
Le sigue una caminata de héroe hacia el baño, Mientras cargo a regañadientes
Los pesados contenedores de los días y las noches Que iban a ser.
El canto de los azulejos y cardenales Sostiene la promesa de otro día,
Mientras el sol rompe lentamente la oscuridad
Y nos promete una vida llena de infinitas posibilidades.
La muerte de lo que iba a ser mi vida contigo Está incrustada en mi tejido muscular, Demandando toda la atención—
Como si se tratara de un cortejo fúnebre de Nueva Orleans,
Donde el bramido de las trompetas
Y los incesantes sonidos de los tambores metálicos Llaman a los muertos a recibir un alma nueva.

Una inhalación profunda en un portal de Kentucky Llena mis pulmones magullados con la esperanza De los días venideros, Cuando mi espíritu abandone la tumba y resucite.

Alabemos las penas del corazón, Porque forjan nuevas cámaras, Expanden nuestros corazones,

Preparándonos para amar sin miedo la próxima vez.

¿Puedo recibir un Amén? *Amén.*

¿Podemos cantar aleluya? *Aleluya.*

Porque ella ha resucitado de las cenizas— Para presenciar un nuevo día.

I am Here

I am here amidst stained mattresses,
The pungent smells of mildew and Clorox,
The piles of fallen trees that grace our backyards, And the debris that adorns our driveways.
I am here firmly holding ladles full of soup, Pouring nourishment into tin bowls
Held by glassy, distant eyes, Hungry bellies couch-surfing,
Standing for hours on FEMA lines.
I am here as our town gathers, Holding each other up, and planning a witches' parade.
I am here as the now-closed mom-and-pop business owners Return daily with pockets full of hammers, drills, Crowbars— and hope.
I am here as America loudly rejects democracy, Replacing the blood of Jesus with Kool-Aid.
I am here mourning 50 years of marches, Late nights, pounding on podiums, Waiting hours in legislative hallways.
I am here as all that I am, love, and value— Hire attorneys to change their names, Schedule surgeries,
Run to marry their love before it's too late.
I am here, present in this moment, in this life, Embracing grief,
Claiming justice with each heartbeat.
I am here refusing to surrender, to be tamed. I am here in the roar of my existence,

A witness to the whispers and moans
As he vilifies the intentionally and historically marginalized—
One more time.
I am here as my people are labeled criminals, Forced back into the shadows,
Waiting for the National Guard to jail and deport them, To take their children to cages
Where they were once held, abused,
Left thirsty, hungry, and crying for days.
I will be here when the surge of hatred recedes, Exposing the values we buried on November 5, 2024.
I am here as we welcome a new ecosystem,
Full of archaeological treasures and valued artifacts,
As the remnants of sediment and a deluge of rotten sludge
Dissolve in the face of a new republic.
As we lick our wounds,
And kiss the healing waves of freedom,
I will stay here—
With soup, water, gloves,
And an affirmation that we are worthy— And the tide will rise.

Estoy aquí

Estoy aquí entre colchones manchados, El olor penetrante a moho y Clorox, Montones de árboles caídos
Que decoraban nuestros jardines traseros, Escombros que adornaban las entradas.
Estoy aquí sujetando firmemente cazos llenos de sopa,
Vertiendo alimento en cuencos de hojalata
Sostenidos por ojos vidriosos y distantes, Barrigas hambrientas,
Cuerpos que hacen couch-surfing,
Aguantando de pie durante horas en las colas de FEMA.
Estoy aquí mientras nuestro pueblo se reúne, Para sostenerse unos a otros,
Para planear un desfile de brujas.
Estoy aquí mientras los propietarios
De pequeñas empresas familiares, ahora cerradas, Regresan a diario con los bolsillos llenos de martillos, Taladros, palancas— y esperanza.
Estoy aquí mientras Amérika rechaza con ruido la democracia,
Sustituyendo la sangre de Jesús por Kool-Aid.
Estoy aquí de luto por 50 años de marchas, De noches largas,
De golpes en los podios,
De horas de espera en los pasillos legislativos.
Estoy aquí mientras todo lo que soy, amo y valoro Busca abogados para cambiar sus nombres, Agenda cirugías,
Corre a casarse con su amor antes de que sea demasiado tarde.

Estoy aquí, presente en este momento, en esta vida,
Abrazando el dolor,
Reclamando justicia con cada latido de mi corazón.
Estoy aquí negándome a rendirme, a ser domesticada. Estoy aquí, en el rugido de mi existencia,
Testigo de los susurros y gemidos, Mientras él denigra, una vez más,
A los intencionada e históricamente marginados.
Estoy aquí mientras mi gente es etiquetada como delincuente,
Obligada a volver a las sombras,
Esperando que la Guardia Nacional los encarcele y deporte,
Que se lleven a sus hijos a las jaulas
Donde antes los retuvieron, Los maltrataron,
Los dejaron sedientos, hambrientos, Llorando durante días.
Estaré aquí cuando la oleada de odio retroceda,
Exponiendo los valores que enterramos el 5 de noviembre de 2024.
Estoy aquí mientras damos la bienvenida a un nuevo ecosistema, Lleno de tesoros arqueológicos y artefactos valiosos.
Mientras los restos de sedimentos Y el diluvio de lodo podrido
Se disuelven ante una nueva república.
Mientras nos lamemos las heridas,
Mientras besamos las olas sanadoras de la libertad.
Me quedaré aquí—
Con sopa, agua, guantes, Y una afirmación:
Somos dignos, y la marea subirá.

A Love Letter to My Beloved Kentucky

You welcomed me with a glass of sweet tea, Copperheads on the woodpile,
And the twang of a hand-carved dulcimer.
You taught me how to make cornbread on the wood stove,
And that black beans were not from around here.
You showed me the art of storytelling, Where fact and fiction merge
To capture the essence of the region and its complexity.
You wrapped me in a handmade patch quilt And planted my rural Cuban roots Into your old and worn mountains,
Alongside petrified shells, arrowheads, And pottery left by your native people— The Cherokee, Shawnee, and Chickasaw, The rightful owners of this land.
I learned to comprehend your dialect,
Full of Irish, English, German, and Scottish ballads. You woke me up on Sunday mornings
With a basket full of vegetables And a Jehovah's Witness pamphlet.
Your black barns graced the sky, And the coyote's howl woke the dead, While healers and herbalists
Danced by the light of the moon.
My Beloved,
You invited me into the canyon system of the Red River,
An Eastern Kentucky jewel meandering the Daniel Boone

Forest,
Holding over 150 arches carved into rock formations
For millions of years,
Sheltering campers, hikers, and rock climbers Summoned by
your magic.
It was in your sandstone cliffs
That I came upon a field of pink lady's slippers, And promptly
got one tattooed on my belly— Proof that I was indeed your
daughter.
My Beloved,
I take you into my belly with each inhale,
And my spirit becomes full of wonder and possibilities.
I came to discover 16 more wild varieties of orchids,
And my *Guajirita* self learned to harvest American ginseng,
Which proved to be just the medicine I needed
To repair the wounds of my exile.
My Beloved,
Within you, I was often surrounded by mayapples,
Wild geraniums, dwarf irises, larkspurs, and columbines. One
late summer, a rare two-foot-tall monkey-faced orchid And her
sister, the white-haired goldenrod,
Appeared amongst red-tailed hawks, bald eagles, Wild turkeys,
and vultures—
Gracing your cliffs and treetops,
Serving as guardians of your magnificence.
Owls, woodpeckers, and hummingbirds serenade each other,
And the fox and the deer roam freely,
While timber rattlesnakes nap on your warm, worn rocks.

My Beloved,

You gifted me your native son, And I proudly carry his name.
Within your welcoming embrace, I found my voice,
And claimed my place
Amongst your gifted writers, poets, and storytellers.
I claim you as my home,
And will forever be your daughter— Cuban by birth,
And Appalachian by the grace of God.
Know that your beauty takes my breath away, And steals my
heart daily.

Carta de amor a mi querido Kentucky

Me recibiste con una copa de té helado,
Serpientes deslizándose sobre la leña amontonada, Y el tañido
de un dulcémele tallado a mano.
Me enseñaste a hacer pan de maíz en la estufa de leña, Y que
las judías negras no eran de estos lares.
Me mostraste el arte de la narración, Donde realidad y ficción
se funden
Para captar la esencia de la región y su complejidad.
Me acurrucaste con una colcha de parches hecha a mano, Y
plantaste mis raíces cubanas rurales
En tus viejas y desgastadas montañas,
Junto a conchas petrificadas, puntas de flecha Y cerámica
dejada por tus nativos—
Los cheroqui, los shawnee y los chickasaw— Los legítimos
dueños de esta tierra.
Llegué a comprender tu dialecto,
Lleno de baladas irlandesas, inglesas, alemanas y escocesas. Me
despertabas los domingos por la mañana
Con una cesta llena de verduras
Y un folleto de los Testigos de Jehová.
Tus establos negros adornaban el cielo,
Y el aullido del coyote despertaba a los muertos, Mientras
curanderos y herboristas
Danzaban a la luz de la luna.

Mi querido Kentucky,

Me invitaste a conocer los cañones del río Rojo, Una joya del
este de Kentucky,

Que serpentea el Bosque Nacional Daniel Boone,

Con más de 150 arcos tallados en formaciones rocosas,

Moldeadas durante millones de años,

Cobijando campistas, excursionistas y escaladores Invocados
por tu magia.

En tus acantilados de arenisca

Me topé con un campo de orquídeas rosas, Y me tatué una en
mi vientre,

Como prueba irrefutable de que era tu hija.

Mi querido Kentucky,

Con cada inhalación te llevo a los rincones más recónditos de
mi interior, Y mi espíritu se colma de maravillas y
posibilidades.

Llegué a descubrir otras dieciséis variedades silvestres de
orquídeas, Y mi *guajirita* aprendió a cosechar ginseng
americano,

Que resultó ser justo la medicina que necesitaba Para reparar
las heridas de mi exilio.

Mi querido Kentucky,

Dentro de ti, a menudo estaba rodeada de ipecacuana, Geranios
silvestres, iris enanos, consueldas y aquilegias. Un verano
tardío, una rara orquídea cara de mono

De más de medio metro de alto, y su hermana, la vara de oro
blanca, Aparecieron entre halcones de cola roja, águilas
americanas,

Pavos salvajes y buitres,
Que adornaban tus acantilados y tus cimas, Sirviendo como
guardianes de tu magnificencia.
Búhos, pájaros carpinteros y colibríes Entonaban serenatas
entre ellos,
Mientras el zorro y el ciervo vagaban en libertad, Y las
serpientes de cascabel del bosque Dormitaban sobre tus cálidas
y desgastadas rocas.

Mi Querido Kentucky,
Me obsequiaste con tu hijo nativo, Y llevo con orgullo su
nombre.
En tu abrazo de bienvenida hallé mi voz, Y reclamé mi lugar
Entre tus talentosos escritores, poetas y narradores.
Te reclamo como mi hogar, Y siempre seré tu hija— Cubana de
nacimiento,
Y apalache por la gracia de Dios.
Cada día que pasa,
Tu belleza me deja sin aliento, Y me roba el corazón.

Naked

In a world built on façades,
I stand unadorned, Skin as bare as truth,
Raw as the morning light.
Each word—a story. Each scar—a testament
To battles fought,
To victories won and lost.
Naked, I shed the layers,
Releasing expectations and judgments, Stripped of the armor,
Welcoming the sting of rejection, Embracing the depth of
loneliness.
I am exposed, vulnerable—
Like a tree in winter,
Standing tall when the leaves are gone, When the limbs are
heavy with snow.
Brown Sugar, my inner poet,
Speaks the language of the flesh,
Word-porn boiling like the curled milk of *Dulce de leche*
pouring from her mouth, Welcoming you in closer
To gaze at my imperfections, My deepest desires,
To prepare for the tsunami of hate approaching.
Let us come closer.
Let us share our fears.
Let us rejoice and nourish our youth. Let us cradle our terror
With the laughter birthed in our circles.
Our disbelief has cracked, Our tears have fallen like rain,
On our parched and burning democracy, Enticing growth

In unlikely spaces.
In the raw, writing naked Celebrates the body and soul we
Temporarily inhabit,
Gives voice to the stories we carry,
Soothes the scars that stand witness—
We have lived, we have loved, we have lost.
So we dare to stand in our truths,
With our hearts wide open, our spirits unchained.
Join me, join us
In the dance of authenticity,
Rejoicing in the complexity of humanity, Embracing art,
Cherishing joy,
And daring to do so—**naked.**

Desnudas

En un mundo construido sobre fachadas,
Me alzo sin adornos,
Piel tan desnuda como la verdad, Cruda como la luz matutina.
Cada palabra, una historia, Cada cicatriz, un testimonio De batallas libradas,
De victorias ganadas y perdidas.
Desnuda, me desprendo de las capas,
Libero expectativas y juicios, Me despojo de la armadura,
Recibo el aguijón del rechazo,
Abrazo la profundidad de la soledad.
Estoy expuesta, vulnerable, Como un árbol en invierno,
Firme cuando las hojas han caído,
Cuando sus ramas pesan bajo la nieve.
Azúcar Morena, mi poeta interior, Habla el lenguaje de la carne, Pornografía de palabras hirviendo Como la leche rizada del *dulce de leche,* Derramándose de su boca,
Invitándote a acercarte más—
A contemplar mis imperfecciones, Mis deseos más profundos,
A prepararte para el tsunami de odio Que se avecina.

Acércate, acerquémonos.

Compartamos nuestros miedos,

Celebremos y alimentemos a nuestra juventud, Acnemos nuestro terror

Con la risa nacida en nuestros círculos.

Nuestra incredulidad se ha resquebrajado, Nuestras lágrimas han caído como lluvia Sobre nuestra democracia reseca y ardiente, Inspirando el crecimiento

En los lugares más inesperados.

En lo crudo, escribir desnuda

Celebra el cuerpo y el alma

Que habitamos temporalmente,

Da voz a las historias que llevamos, Sana las cicatrices que son testigos— De que hemos vivido, amado y perdido.

Así que nos atrevemos a estar de pie, En nuestra verdad,

Con el corazón abierto de par en par, Con el espíritu sin cadenas.

Únete a mí, únete a nosotras,

En la danza de la autenticidad,

Celebrando la complejidad de la humanidad, Abrazando el arte, Apreciando la alegría,

Y atreviéndonos a hacerlo—**desnudas.**

Mercy Denied

Fear wailing in the wind, Faces hiding in the shadows, Hearts heavy with sorrow.
Children's laughter—silenced.
Fingers reaching for the future—caged, Voices still as stones.
Prayers for mercy—denied. Humanity—betrayed.
In the darkness, an ember remains...
"This little light of mine"
We are here,
Knocking on heaven's door.

Misericordia negada

El miedo gime contra el viento, Rostros ocultos entre las sombras, Corazones pesados de tristeza.

Risas de niños—silenciadas.

Dedos extendiéndose al futuro—enjaulados Voces quietas como piedras.

Oraciones de misericordia—negadas. Humanidad—traicionada.

En la oscuridad, la brasa persiste...

"Esta pequeña luz mía".

Estamos aquí,

Llamamos a las puertas del cielo.

Mermaid Musings: Diving in the Margins

Part II Jugosa: Loving on the Margins

Reflexiones de Sirena: Buceando en los Margenes

Part II Jugosa: Amando en Los Margines

TABLE OF CONTENTS

TABLA DE CONTENIDOS

Brown Sugar

A poem for my pseudonym:

Her name is **Brown Sugar**, and she writes **word porn**.
Her texture is moist, and her brown skin glitters in the sun,
forming crystals of raw sweetness—seducing the tongue.
She was once captive, bound by rigid constraints, protecting
her purity from exposure to the elements and the wild within
her.
Upon discarding her no-longer-suitable casing, she morphed
into syrup, fine enough to offer the Orishas at the altar.
Now, she flows freely, running smoothly toward the darkness
in her soul, liberating sleeping princesses, initiating witches,
and dancing with words that kindle imagination and humanize
masculinity.
Her journey has been paved by scars, left by the wounds of the
sharp machete, the sweat of the cane cutter, and the faith that
all that is bitter and forbidden within us will eventually yield
sugar.

Azúcar morena

Un poema para mi seudónimo:

Su nombre es **Azúcar Morena**, y escribe **Word Porn**.
Su textura es húmeda, y su piel morena brilla al sol, trayendo cristales de puro dulzor para seducir la lengua.
Una vez estuvo cautiva por rígidas restricciones que protegían su pureza de la exposición a los elementos y a lo salvaje en ella. Al desechar su carcasa ya inadecuada, se transformó en un jarabe lo suficientemente delicado para ofrendar a los Orishas en el altar.
Ahora corre suavemente hacia la oscuridad de su alma, liberando a las princesas dormidas, iniciando brujas y danzando con palabras que encienden la imaginación y humanizan la masculinidad.
Su camino ha estado pavimentado por las cicatrices dejadas por las heridas del filoso machete, el sudor del cortador de caña y la fe en que todo lo amargo y prohibido en nosotros eventualmente producirá azúcar.

Cravings

I breathe in your sharp jaw as your face glistens in the hot sun
when you enter the room.
I shut my eyes, and I see you,
As you gently touch the surface of my skin,
as I do the laundry, I bury my face in your sweaty shirt,
My lips quiver as I add your kisses to my coffee,
I touch your lips with my middle fingers as I make breakfast,
I feel your strong arms tightening around my waist as I sit for
dinner. I meet your gaze as my windshield wipers hum,
You part my knees as I straddle you while making a left turn
on Martin Luther King boulevard.
The craving of you in my mundane chores floods my senses,
The burn inside my thighs demands that you enter me and
drown. How can my heart continue to beat at this pace?
How do I quell my desperation as you enter the room? How do
I contain my lust for your body when you leave— after invading
my sanctuary, devouring me with your parting eyes,
as you bite your bottom lip, tilt your head, and walk out the
door one more time?

Antojitos

Respiro en tu mandíbula afilada mientras tu rostro brilla bajo el sol ardiente al entrar en la habitación.
Cierro los ojos y te veo.
Te siento tocar con suavidad la superficie de mi piel, mientras hago la colada, cubriendo mi cara con tu camiseta empapada de sudor. Me tiemblan los labios al añadir tus besos a mi café.
Mis dedos rozan tus labios mientras preparo el desayuno.
Siento tus fuertes brazos apretando mi cintura mientras me siento a cenar. Encuentro tu mirada mientras los limpiaparabrisas zumban.
Me separas las rodillas mientras giro a la izquierda en el bulevar Martin Luther King. El ansia de ti en mis quehaceres mundanos me inunda los sentidos,
el ardor dentro de mis muslos exige que te adentres en mí y te ahogues.
¿Cómo puede mi corazón seguir latiendo a este ritmo?
¿Cómo calmar mi desesperación cuando entras en la habitación?
¿Cómo contener mi lujuria por tu cuerpo cuando te vas— tras invadir mis sentidos,
habiéndome poseído con esos ojos tuyos de despedida,
mientras te muerdes el labio inferior, ladeas la cabeza y sales por la puerta una vez más?

For Her

I wrote poems inside of her with my tongue.
Our story began with her kisses and bites,
with me begging for more as I screamed her name.
We collapsed, her soul dancing on my bones.

A ella

He escrito poemas dentro de ella con mi lengua.
Nuestra historia comenzó con sus besos y mordiscos,
conmigo suplicándole mientras gritaba su nombre. Nos
desplomamos, su alma bailando en mis huesos.

For Him

Clutching tongues quiver as nipples are twisted with delight.
I straddle him, skillfully guiding his divine member inside,
squeezing and draining as spasms pierce through me.
My legs lock around his waist, my teeth sinking into his neck,
rocking him to oblivion.
Glued by sweat and semen, we remain still, belly to belly, afraid
to breathe—terrified of breaking our archetypal embrace.

A él

Lenguas aferradas tiemblan mientras los pezones se retuercen de placer. Me siento sobre él, guiando hábilmente su divino miembro dentro de mí, exprimiéndolo y drenándolo por completo, atravesados por espasmos.

Mis piernas entrelazadas alrededor de su cintura, mis dientes hundiéndose en su cuello, meciéndolo hasta el olvido.

Pegados por el sudor y el semen, permanecemos inmóviles, vientre contra vientre, evitando respirar por miedo a romper nuestro abrazo arquetípico.

Kelp

He appeared unexpectedly, like a summer storm, shaking the rafters of my rules,piercing through well-established barriers to my desire.

I begged him to carry me down into that warm rain, where the corners of his mouth quiver,

where he wedges his knees between my thighs, slipping his fingers inside me once more, only to later taste the scent of oceans thick with kelp. As his back arches, his pale sunrise skin rises with him, bringing the promise to return tomorrow— and bring lightning.

La Alga Marina

Él apareció inesperadamente, como una tormenta de verano, sacudiendo las tejas de mi techo,
atravesando las barreras bien cimentadas frente a mi deseo. Le supliqué que me llevara a esa lluvia cálida,
donde las comisuras de sus labios tiemblan, donde encaja sus rodillas entre mis muslos, deslizando sus dedos dentro de mí una vez más,para luego saborear el aroma a océanos repletos de algas. Mientras su espalda se arquea, su pálida piel de aurora se alza, trayendo consigo la promesa de volver mañana, cargado de relámpagos.

The Affair

As I slowly brush my lips against your temples, I discover the sweat on your forehead—living proof that making love to me has raised your body temperature. I grin with devilish delight. The scent of your skin intoxicates me,

and the fluids of your body both quench and ignite my thirst for all that is primal within us.

Your expert tongue between my thighs demands that I arch my body, with the urgency of an alarm set to warn of explosions already on their way, irrevocable.

Images of you in your sweet, vanilla life float through my mind's eye. I taste the remnants of sawdust hidden in your beard.

I hear the confident, empowering tone in your voice as you push your clients beyond their limits—

and they obey.

I see the innocent, adoring eyes of your boys, receiving your presence, your unwavering commitment to be their father above all else.

I hear the pounding on the mat as you wrestle your younger lover, and I feel the gentle embrace with which you hold your sweet wife. The essence of all of you—

navigating your rich, textured life—

beckons me to dive deeper into all that I am, all that I become when I surrender, fearlessly, to lust.

Aventura

Mientras mis labios rozan lentamente tus sienes, descubro el sudor en tu frente,
prueba irrefutable de que hacer el amor conmigo ha elevado tu temperatura corporal.
Sonrío con diabólico placer.
El olor de tu piel me embriaga,
y los fluidos de tu cuerpo crujen en mí,
despertando mi sed por todo lo primitivo que habita en nosotros.
Tu lengua experta, entre mis muslos,
exige que arquee mi cuerpo con la misma urgencia de una alarma que advierte explosiones inminentes.
Imágenes de tu dulce vida de vainilla flotan en mi mente,
saboreo los restos de serrín escondidos en tu barba.
Escucho la firmeza y el poder en tu voz mientras impulsas a tus clientes a ir más allá, y ellos lo hacen.
Veo los ojos inocentes y deslumbrados de tus hijos, acogiendo tu presencia,
sintiendo tu inquebrantable compromiso de ser su padre ante todo.
Oigo los golpes sobre la esterilla
mientras dominas a tu amante más joven,
y siento el abrazo suave con el que sostienes a tu dulce esposa.
La esencia de todo lo que eres, navegando por tu vida rica y vibrante,

me invita a sumergirme aún más en todo lo que soy y en todo lo que me vuelvo cuando me entrego sin miedo a la lujuria.

Ode to the Navy Officer with Eagle Wings Tattoo

Wear these for me, I command. Kneel before me. Let me kiss
and bite your strong neck,
my hands squeezing your shoulders, spreading your heart-
shaped ass, prepping you to open for me.
I slide my fingers inside you, gently at first, filling you up as
you moan, nodding, begging me to continue. You stretch,
slowly,
taking my lubed toy, strapped tight and ready, entering you
inch by inch,
your ass now beet red from the leather flogger,
framed perfectly by the red lace thong I bought for you. I twist
your erect nipples, pulling on their chains, watching as you
drop deep into sub space,
basking in the ecstasy of surrender. I cradle your exhausted
body, stroking your forehead, softly, watching you return from
the fetal position to suckle my breasts, as I sing you a Texas
lullaby.

Oda al oficial de la Marina del tatuaje de alas de águila

Ponte esto para mí, te lo ordeno. Arrodíllate ante mí. Déjame besar y morder tu cuello,
apretar tus hombros,
abrir tu culo con forma de corazón, preparándote para abrirte por completo.
Deslizo mis dedos dentro de ti, suavemente al principio,
llenándote mientras gimes,
asientes con la cabeza,
suplicando que continúe con mi intrusión. Te estiras lentamente,
recibiendo mi juguete lubricado, bien amarrado y listo,
adentrándose en tus nalgas fuertes,
ahora sonrosadas por mi marca,
encerradas en el tanga negro de encaje que te compré.
Retuerzo tus erectos pezones, tirando de las cadenas, y te abandonas por completo, sumergiéndote en el éxtasis de la rendición. Acojo tu cuerpo exhausto entre mis brazos,
acariciando tu frente con ternura,
mientras te observo salir de la posición fetal, buscando mis pechos, mientras te canto una nana tejana.

Coming Home

I am intoxicated by the sight of your eyes, by the joining of
your lips with mine,
by the smell of your skin filling my lungs, by the way my
fingers tousle your hair,
by my curious hands tracing every inch of your body.
I navigate a state of constant want for what I cannot have,
craving the warmth of your tight embrace,
listening for the soft, choked moans
where you restrain your voice from breaking free, where you
wrestle with the raw and primal within you, caught between
the need to surrender completely to me and the need to hold
yourself back.
I remain in a continuous state of wanting you— vulnerable,
swollen, hard, erect, wet—
begging to be released from this cage of unmet pleasure. My
heart aches to pour my passion into your soul,
my muscles burn from tensing at every orgasm you gift me,
my throat is raw from screaming your name.
The need to surrender to you is unrelenting.
The need to take you, to pleasure you, fogs my mind.
I stay dazed, desperate, lost in the madness of your absence. I
pace through the scent of my new home—
your sweat, lingering in the air.

Vuelta a casa

Me embriaga la visión de tus ojos, la unión de tus labios con los
míos, el aliento impregnado de tu piel,
mis dedos enredándose en tu cabello,
mis manos curiosas recorriendo tu cuerpo.
Navego en un estado constante de deseo por lo inalcanzable,
anhelando la calidez de tu abrazo apretado,
escuchando el suave sonido de tus gemidos contenidos, donde
ahogas tu voz para no gritar mientras recibes placer, donde
luchas con tu esencia más cruda y primitiva, equilibrando el
deseo de rendirte por completo ante mí
y la necesidad de contenerte.
Estoy en un continuo estado de anhelo absoluto por ti—
vulnerable, hinchada, dura, erecta, húmeda—
suplicando ser liberada de esta jaula de placer insatisfecho. Mi
corazón duele de tanto derramar pasión sobre tu alma,
mis músculos arden de tensarse con cada orgasmo que me das,
mi garganta está herida de gritar tu nombre.
Mi necesidad de rendirme ante ti es incesante,
mi deseo de tomarte, de darte placer, me nubla la razón.
Permanezco aturdida, desesperada,
locamente necesitada de tu presencia física, mientras me pierdo
en el aroma de mi hogar: tu sudor.

Ode to Orgasms

My toes flex backward, pulled by electrical waves ignited by
your licks deep in my brain. The back of my thighs aches from
the spasms in my pelvic bone,
arching brutally to reach your tongue, as I hold my breath,
digging my nails into your shoulders until I bruise you. Your
full breasts fill my mouth,
and I milk them like a hungry infant, desperate to feed,
leaving bloody teeth marks on your nipples. I turn you,
climbing your body, straddling your hips, belly dancing on your
clit, until your wetness drowns me, and your screams awaken
the moon.

Oda a los orgasmos

Los dedos de mis pies se flexionan hacia atrás, arrastrados por las ondas eléctricas que encienden tus lametones en mi cerebro. Me arden los muslos por los espasmos de mi pelvis, que se arquea brutalmente para alcanzar tu lengua, mientras contengo la respiración y te clavo las uñas en los hombros hasta dejarte moratones. Tus pechos colmados llenan mi boca,
los ordeño como un niño hambriento, desesperado por alimentarse,
marcándolos con mis dientes, tatuando sangre en tus pezones.
Te giro,
subo por tu cuerpo,
me monto sobre tus caderas,
bailo la danza del vientre sobre tu clítoris hasta que tu humedad me ahogue
y tus gritos despiertan a la luna.

Sexual Archeology

He loved pleasuring her, looking at her, exploring every crevice with his fingers and tongue. He soothed her tight shoulders and calves, he suckled her nipples and he loved how she twisted and bit his as he rode her.

She lost herself in her passion as he gifted several orgasms with one scene, she often held back her tears full of vulnerability and newfound spaces inside her to offer him. She was his from head to toe because he never assumed so and was always surprised by her continuous welcomes into hidden corners of her womb.

Wetness runs down her thighs as he searches for her and enlaces his tongue with hers. They lay by the fire taking turns topping each other and finding new rhythms to dance to while navigating the ebb and flow of the waves and lose themselves while worshiping their souls.

Arqueología sexual

Le encantaba complacerla mirándola mientras exploraba cada una de sus fisuras con sus dedos y lengua. Él aliviaba sus apretados hombros y pantorrillas, le chupaba los pezones y le encantaba verla retorcerse y mordía los suyos mientras la cabalgaba.

Ella se perdía en su pasión mientras él le regalaba varios orgasmos en una sola escena, conteniendo a menudo sus lágrimas llenas de vulnerabilidad y de nuevos espacios en su interior para ofrecerle. Ella era suya de los pies a la cabeza porque él nunca lo supuso así y siempre se sorprendía de sus continuas bienvenidas a rincones ocultos de su útero.

La humedad recorre sus muslos mientras él la busca y enlaza su lengua con la de ella. Tumbados junto al fuego, se tocan por turnos y encuentran nuevos ritmos para bailar mientras navegan por el flujo y reflujo de las olas y se pierden mientras rinden culto a sus almas.

Strawberries in July

My need bites the plum of your mouth with desperation, kissing your eyes, squeezing your tight shoulders, restraining my need to mark you. I have been waiting for your nibbles and bites, your thrusts and unrestrained desire a long time. How many times did I pray in your arms while stroking you? With you I went so far as to believe in angels. Next time I will bring you wild orchids and do to you what Summer does to Strawberries in July.

Fresas en pleno julio

Mi necesidad muerde desesperada la ciruela de tus labios, besando tus ojos, apretando tus tensos hombros, conteniendo ese ansioso ímpetu por dejarte marca. Llevo toda la vida aguardando a la espera de tus mordiscos, tus embestidas y ese deseo irrefrenable.

¿Cuántas veces habré rezado ante tus brazos mientras te acariciaba? Contigo llegué a creer en los ángeles. Para nuestro próximo encuentro te traeré orquídeas silvestres y haré contigo lo que el verano hace con las fresas en pleno julio.

Always Yours

I promise to regularly wake up the neighbors shouting your
name as I beg you not to stop,
I promise to cloak you with my tears with each orgasm,
I promise to remember each curve that graces your delicious
muscles, I promise to cherish the groan that escapes your
throat.
I promise to remember the grin that dances on your lips, the
drops of sweat that fall from your temples on to my thighs,
To cherish the wings that spread from your back as you enlace
your hands behind you and gesture for me to kneel,
To cherish the sassy moves as you cuff my wrists in silk scarves
and place your tongue on my belly button as you swirl an ice
cube with delight.
I promise to always remember the way you extend your hand
when you ask me to dance.

Toda Tuya

Prometo despertar con frecuencia a los vecinos gritando tu nombre mientras te ruego que no pares,
Prometo cubrirte con mis lágrimas con cada orgasmo que me regales, Prometo recordar cada curva que adorna tus exquisitos músculos, Prometo estimar todo gemido que escape de tu garganta.
Prometo recordar la sonrisa que danza sobre tus labios, las gotas de sudor que caen en mis muslos desde tus sienes, Apreciar las alas que se extienden desde tu espalda cuando entrelazas las manos por detrás y me haces un gesto para que me arrodille,
Apreciar ese pícaro movimiento con el que esposas mis muñecas con pañuelos de seda y posas tu lengua sobre mi ombligo mientras desplazas un cubito de hielo con total deleite, Prometo recordar siempre la forma en la que extiendes tu mano cuando me sacas a bailar.

The Gift

He came wrapped in silk threads the color of saffron, his
whispers disclosed longings not fulfilled elsewhere and the tilt
of his head summoned my desires. His purity of spirit nudges
towards redemption while my body yields to his commands
and dances with surrender. Time stands still under the spell of
of the moments cherished by hungry lovers on rainy
afternoons

El regalo

Él vino envuelto de hilos de seda de color azafrán, sus susurros revelaron anhelos insatisfechos en otra parte y la inclinación de su cabeza invocó mis deseos. Su pureza de espíritu empuja hacia la redención mientras mi cuerpo cede a sus órdenes y baila rendido. El tiempo se detiene bajo el hechizo de instantes que acarician amantes hambrientos en tardes lluviosas.

Lover

You kiss me slowly, savoring my lips as if they contained the
last drops of water available to crunch your thirst
You kiss me as if time stopped and there was nothing else to do
or place to be
You let your hand wonder slowly underneath my skirt as an
archeologist brushes ancient's fossils
You savor my skin as if you have erased all others you have
ever touched before You inhale the moans my shallow breath
hums as it urgently welcomes your touch
You burry your face in my hair as you search for the curve in
my neck where your lips carved your initials
You pull me closer as if you want to take me dancing,
You spin my body into the bed to watch my gaze with awe, as if
I were the brightest sunrise, you have ever worshipped.
You bite me as if I am the first and only piece of chocolate you
will ever going to enjoy. You pleasure me until my body forgets
how to count and the only words, I remember is your name
You embrace me until my tongue drinks your sweat, our eyes
pierce the light, and our lips gift us a knowing smile.

Amante

Me besas despacio, saboreando mis labios como si contuvieran
las últimas gotas de agua que pudieran calmar tu sed
Me besas como si el tiempo se hubiera detenido y no hubiera
nada más que hacer ni lugar que
Habitar Dejaste que tu mano se moviera lento bajo mi falda
igual que un arqueólogo cepillando fósiles antiguos
Saboreas mi piel como si hubieras borrado todas las que
hubieras tocado antes Inhalas los gemidos, mi respiración
superficial tararea mientras da la bienvenida a tu toqueteo
Entierras tu cara en mi cabello buscando la curvatura de mi
cuello donde tus labios me sonríen
habían tallado tus iniciales
Me empujas a ti como si quisieras invitarme a un baile,
Me das la vuelta en la cama para mirarme con asombro, como
si fuera el amanecer más brillante que jamás hubieras alabado.
Me muerdes como si fuera el primer y único trozo de chocolate
que fueras a disfrutar jamás.
Me das placer hasta que mi cuerpo se olvida de cómo contar y
las únicas palabras que recuerdo
son tu nombre
Me abrazas hasta que mi lengua absorbe tu sudor, nuestros
ojos atraviesan la luz y nuestros labios nos otorgan una sonrisa
cómplice.

ABOUT THE AUTHOR

Poet, author and storyteller Marta Miranda-Straub is an Afro-Caribbean, Queer woman, born in Cuba. She immigrated to the US at age 12 with her nuclear family after receiving political asylum. She served as an Assistant Professor in the Department of Anthropology, Sociology and Social Work at Eastern Kentucky University, and was the Director of Women and Gender Studies and Multicultural Student Affairs. Her clinical expertise is in mental health and addiction recovery. She is the former Social Services Commissioner (DCBS) for the state of KY and the Founder and President of Catapult Now LLC, an organizational development and training consulting firm.

Please visit: www.martamirandastraub.com

Marta was inducted into the Affrilician Poets by KY Poet Laureate Frank X Walker in 2009. She was named one of 15 national writers to watch in 2023 by the LA Weekly and among one of 15 emerging authors in 2025 by MSN. Her bilingual Memoir Cradled by Skeletons a Life in Poems and Essays was published in 2019 and her children's book Lullaby for Maddie was published in 2022 by Shadelandhouse Modern Press.

She performs with the Naked Poets and her insights and voice are valued across the country demonstrated by being a well sought out speaker at keynotes, marches, and conferences.

www.ingramcontent.com/pod-product-compliance
Lightning Source LLC
Chambersburg PA
CBHW051235120626
46547CB00013B/1649